Jacob Sturm

Verzeichnis meiner Insekten-Sammlung

Jacob Sturm

Verzeichnis meiner Insekten-Sammlung

ISBN/EAN: 9783743425354

Hergestellt in Europa, USA, Kanada, Australien, Japan

Cover: Foto ©berggeist007 / pixelio.de

Manufactured and distributed by brebook publishing software (www.brebook.com)

Jacob Sturm

Verzeichnis meiner Insekten-Sammlung

Verzeichniſs

meiner

Infecten - Sammlung.

Geſammelt und herausgegeben

von

Iakob Sturm.

Mit vier Kupfertafeln.

Nürnberg, 1796.
gedruckt auf Koſten des Verfaſſers.

Vorbericht.

Die Begierde, meine wenigen Kenntniſſe in einer meiner Lieblingswiſſenſchaften, der Entomologie, zu erweitern, und zu dieſem Behuf Inſecten aus verſchiedenen Gegenden durch Tauſch, oder andere Bedingniſſe zu erhalten, bewog mich, meinen kleinen Vorrath von mehrentheils um Nürnberg geſammelten Inſecten zur bequemern Ueberficht in alphabetifcher Ordnung zufammen zu ftellen. Allein ein folches Verzeichnifs öfters abzufchreiben, was doch nöthig gewefen wäre, wenn ich es nur einigermaffen hätte verbreiten wollen, wäre nicht nur eine verdrüfsliche Arbeit, fondern mir auch bey meinen häufigen Arbeiten unmöglich gewefen. Ich entfchlofs mich daher, diefes *Verzeichnifs meiner Infectenfammlung* drucken zu laffen, und benutzte dabey die längft gefuchte Gelegenheit, dem entomologifchen Publikum eine Probe von Infec-

Infectenabbildungen vorlegen zu können, wie ich wünfchte, dafs folche durchgehends, in Anfehung der richtigen Zeichnung, ohne übermäffige Vergröfferung, und der Reinheit der Illumination behandelt werden möchten. Ich fuchte zu diefer Abficht einige, vom Herrn Prof. Fabricius befchriebene, aber mehrentheils noch nirgends abgebildete Arten, aus meiner Sammlung aus, und ftellte folche fo genau und deutlich, als ich nur konnte, auf vier Täfelchen vor, beforgte auch felbft die Illumination mit eigner Hand, um zu zeigen, wie fehr folche Abbildungen, bey denen es fo oft auf Kleinigkeiten ankommt, und die gewöhnlich Perfonen, welche gar keinen Begriff von diefen Gefchöpfen haben, anvertraut werden, durch nachläffige Behandlung entftellt werden können. Es zerfiel daher diefes Verzeichnifs in zwey Abfchnitte. Der erfte enthält das Verzeichnifs, und der zweyte die Definition und Synonymie der abgebildeten Arten, nebft kurzen Bemerkungen darüber.

Sollte

Sollte es nun hie und da einem Freunde der Insectenkunde gefallen, meine kleine Sammlung durch gefällige Beyträge zu bereichern, so bin ich erbötig, für eine jede mir noch fehlende Art ein schön aufgestecktes Exemplar der aus meiner Sammlung dafür ausgesuchten Art dagegen zu geben; oder, wenn dieſs nicht hinlänglich wäre, mir auch andere annehmliche Bedingnisse gefallen zu laſſen.

Endlich muſs ich noch erinnern, daſs ich die Anzahl meiner Dubietten zu bemerken deswegen unterlaſſen

lassen habe, weil solche bey meinem steten Fortsammeln immer unbeständig bleiben muſs. Da aber gerade ein solches Insect verlangt werden könnte, wovon ich zur Zeit nur *Ein* Exemplar besitze, so setzte ich, um solches zu verhindern, den Arten, die ich nur einmal habe, ein * vor.

Nürnberg, im Iulii 1796.

Sturm.

I. Ab-

I. Abschnitt.
Alphabetisches Verzeichnis meiner Insecten-Sammlung.

ACANTHIA
*Betulae
lectularia

ACARUS
feminulum *Block.*

ACHETA
campestris
*Gryllotalpa

ACRYDIUM
bipunctatum
subulatum

AESHNA
forcipata
grandis

AGRION
puella
Virgo

ANDRENA
spiralis
*succincta

ANISOTOMA
*corrusca *Kugelann.*
*glabra *Kugel.*
*testacea *Kugel.*

ANOBIUM
Boleti
festivum *Block.*

ANOBIUM
 *micans
  molle
  pertinax
  striatum
 *tessellatum

ANTHRAX
  hottentotta
 *maura
  Morio

ANTHRENUS
 *hirtus
  Muscorum
  Scrophulariae

ANTHRIBUS
 *albinus
 *scabrosus
  varius

APIS
  agrorum
  centuncularis
 *equestris
 *Hypnorum

APIS
 *lagopoda
  lapidaria
  n ellifica
  muscorum
 *pilipes
 *punctata
 *ruderata
 *rupestris
  terrestris

ARANEA
 *diadema
 *faccata
 *fcenica

ASCALAPHUS
 *italicus

ASILUS
  crabroniformis
  Ephippium
  foem.
  gilvus
  tipuloides

ATTELABUS
  aequatus

ATTE-

ATTELABUS
Bacchus
*Betuleti
β) caeruleus
Coryli
Craccae
cupreus
curculionoides
cyaneus
flavipes
frumentarius
Populi
Sorbi

BEMBEX
roſtrata

BIBIO
anilis
plebeja

BLAPS
mortiſaga

BLATTA
lapponica
marginata
orientalis

BOMBYLIUS
ater
*pictus *Panz.*

BOMBYX
bucephala
*Caja
*chryſorrhoea
*coeruleocephala
*diſpar
*Dominula
*fuliginoſa
*Hebe
*Hera
*Iacobeae
*lugubris
*monacha
*Mori
*neuſtria
Pavonia minor
*Pini
*Plantaginis
*potatoria
*pudibunda
*purpurea
quercifolia

BOM-

BOMBYX
* Quercus
  Salicis
  fpreta
* verficolora
* vinula

BOSTRICHUS
  cylindrus
  Laricis
* monographus
  piniperda
  Typographus

BRUCHUS
* granarius
  villofus

BUPRESTIS
* chryfoftigma
  linearis
  mariana
  minuta
  nitidula
* octoguttata
* pygmaea
  quadripunctata

BUPRESTIS
* ruftica
  rutilans
* Salicis
  viridis

BYRRHUS
  ater
* fafciatus
* minutus
  Pilula
* varius

CALLIDIUM
* Alni
* arcuatum
  arietis
  Bajulus
* detritum
  femoratum
  fennicum
* fulcratum
* Gazella
  hafnienfe
  myfticum
* Salicis
  fanguineum

CALLI-

CALLIDIUM
striatum
triste
Verbasci
violaceum

CALOPUS
*serraticornis

CANTHARIS
biguttata
fulvicollis
fusca
livida
melanura
obscura

CARABUS
anthracinus *Panz.*
*apricarius
aterrimus
*auratus
*auronitens
*bipustulatus
laevicollis
*catenulatus

CARABUS
*cephalotes
cisteloides *Hellwig.*
cyanocephalus
communis *Kugelann.*
*coriaceus
*crepitans
crux major
*cyaneus
Doris *Kugelann.*
fulvus *Kugelann.*
granulatus
*griseus *Kugel.*
helopioides
hirtipes *Kugel.*
*hortensis
*inquisitor
*irregularis
*leucophtha'mus
marginatus
melanocephalus
minimus
*multipunctatus
*nigricornis

CARA-

CARABUS
 * pilicornis
 * planus
 prasinus
 pulchellus *Ku-
  gelann.*
 ruficornis
 sexpunctatus
 * strenuus *Kugel.*
 sycophanta
 taeniatus *Hell-
  wig.*
 tardus *Kugel.*
 vernalis *Panz.*
 * violaceus

CASSIDA
 * affinis
 * ferruginea
 nobilis
 tigrina *Degeer.*
 viridis

CERAMBYX
 * alpinus
 * Cerdo
 fasciculatus

CERAMBYX
 * Heros
 hispidus
 moschatus

CERCOPIS
 * bisasciata
 coleoptrata
 * sanguinolenta

CERIA
 * clavicornis

CEROCOMA
 Schäfferi

CETONIA
 aurata
 * fastuosa
 hirta
 marmorata
 * stictica

CHALCIS
 minuta

CHRYSIS
 * aenea

CHRY-

CHRYSIS
 aurata
 * cyanea
 fervida
 ignita
 lucidula
 regia

CHRYSOMELA
 * Adonidis
 aenea
 Armoraciae
 * aucta
 cerealis
 * collaris
 coriaria
 * cuprea
 decempunctata
 fastuosa
 * gloriosa
 * graminis
 haemoptera
 hottentotta
 * lamina
 * lapponica
 * limbata

CHRYSOMELA
 litura
 marginella
 * pectoralis
 polita
 Populi
 sanguinolenta
 * Schach
 * scutellata
 Staphyleae
 Tenebricosa
 tremula
 * varians
 violacea

CICADA
 * Janio
 viridis

CICINDELA
 campestris
 germanica
 hybrida
 sylvatica

CIMEX
 acuminatus
 baccarum

CIMEX

CIMEX
* bicolor
  coeruleus
  diſſimilis
  feſtivus
  flavicornis
  griſeus
* Lyax
  maurus
* Morio
  nigricornis
  nigrolineatus
  oleraceus
  perlatus
  praſinus
  ruſipes

CISTELA
  bipuſtulata *Hell-*
    wig.
* ceramboides
  cervina
  cinerea
* Evonymi
  fulvipes
  fuſca *Hellwig.*

CISTELA
  opaca *Hellw.*
  ſulphurea
* thoracica

CLERUS
  alvearius
  apiarius
  formicarius
* mutillarius
* uniſaſciatus

COCCINELLA
* analis
* biguttata
  bipunctata
  bipuſtulata
* bisbipuſtulata
* bisbiverrucata
  Panz.
* biverrucata
  Panz.
  conglobata
  conglomerata
  decempuſtulata
* duodecimpun-
    ctata

COCCI-

COCCINELLA
* nigrina *Panz.*
  ocellata
  parvula
* pubescens *Panz.*
  quadripustulata
  quatuordecim-
    guttata
  quatuordecim-
    pustulata
  renipustulata
    Müll.
  septempunctata
  sexpunctata
  sexpustulata
* tigrina
  tredecimpun-
    ctata
* vigintiguttata
  vigintipunctata
  vigintiquatuor-
    punctata

COREUS
  marginatus
* quadratus

COREUS
* scapha

COSSUS
* Ligniperda

CRABRO
  clypeatus masc.
  — — foem.
* cribrarius masc.
* — — foem.
  labiatus
* mucronatus
* pictus
  scutatus masc.
  subterraneus

CRIOCERIS
  Asparagi
  duodecimpun-
    ctata
  flavipes
  melanopa
  merdigera
  Phellandryii
  rufipes
* subspinosa

B   CRY-

CRYPTOCEPHA-LUS

* auritus
bipuftulatus
cyaneus
flavipes
* gracilis
hieroglyphicus
Hübneri
labiatus
longimanus
* longipes
minutus
Moraei
nitens
obfcurus
quadripunctatus
fericeus
vittatus

CUCUIUS

* flavipes
* pallens

CULEX

* pipiens
* trifurcatus

CURCULIO

Abietis
albidus
Alneti
Apfinthii *Panz.*
argentatus
Artemifiae Hellw.
* Bardanae
* bimaculatus
catenulatus *Panz.*
Chloris *Panz.*
* cloropus
Colon
Coryli
Druparum
* gemmatus
germanus
* glaucus
* grammicus*Panz.*
granarius
incanus
Lapathi
Liguftici
Linariae *Panz.*

CUR-

CURCULIO
 lineatus
 * marmoratus
 micans
 * Morio
 muralis *Reich.*
 nebulosus
 niger
 * nigrirostris
 * Nucum
 oblongus
 * Oryzae
 ovatus
 * parallelus *Panz.*
 paraplecticus
 Pini
 Populi
 * Pruni
 Pseudacori
 Pyri
 Salicariae
 Salicis
 Scrophulariae
 * Sisymbrii
 sulcirostris
 * suturalis

CURCULIO
 Thapsus
 * villosus
 viridis

CYMOTHOA
 aquatica

CYNIPS
 Rosae

DERMESTES
 * bicolor
 catta *Panz.*
 cellaris
 fumatus
 fungorum *Panz.*
 lardarius
 * longicornis *Panz.*
 * marinus
 Pellio
 picipes
 porcatus *Panz.*
 rufitarsis *Creutzer.*

DER-

DERMESTES
* * semicoleoptratus *Panz.*
* violaceus

DIAPERIS
* * Boleti

DONACIA
* * clavipes
* dentipes
* * discolor *Hoppe.*
* Festucae
* Hydrocharis
* micans *Panz.*
* micans *Hoppe.*
* Nympheae
* Sagittariae
* semicuprea *Panz.*
* * simplex
* * striata *Panz.*
* vittata *Panz.*

DYTISCUS
* arcuatus *Panz.*
* bipustulatus

DYTISCUS
* * chalconatus *Kugelann.*
* chrysomelinus
* * cinereus
* collaris *Panz.*
* * fuscus
* * impressus
* inaequalis
* lacustris *Kugel.*
* * latissimus masc.
* * — — foem.
* lituratus
* marginalis masc.
* — — foem.
* obscurus *Panz.*
* * Roeselii
* sulcatus masc.
* — — foem.
* * trifidus *Panz.*
* uliginosus

ELAPHRUS
* aquaticus
* riparius
* * striatus

ELA.

ELATER
 aeneus
 aterrimus
 balteatus
 * bructeri *Hellw.*
 castaneus
 * cruciatus
 haematodes
 holosericeus
 linearis
 * mesomelus
 murinus
 niger
 pectinicornis
 * ruficollis
 sanguineus
 striatus
 tessellatus
 thoracicus
 * vittatus

ELOPHORUS
 aquaticus
 elongatus

FORFICULA
 auricularia

FORFICULA
 minor

FORMICA
 * caespitum
 herculeana
 rufa

GALLERUCA
 Alni
 * Beccabungae *Hellw.*
 * Capreae
 * coccinea
 * Erucae
 * Euphorbiae
 exoleta
 haemisphaerica
 Helxines
 Hyoscyami
 * Modeeri
 Napi
 Nympheae
 nemorum
 nigripes
 nitidula
 oleracea

B 3 GAL-

GALLERUCA
* ✻ pratensis *Hellw.*
* ruficollis
* ✻ ruficornis
* rufipes
* rustica
* Salicis *Degeer.*
* Tanaceti
* testacea
* Verbasci *Hellw.*
* ✻ vigintipunctata
* Vitellinae

GERRIS
* lacustris
* stagnorum

GRYLLUS
* biguttulus
* coerulescens
* stridulus

GYRINUS
* natator

HALLOMENUS
* ✻ micans *Hellw.*

HELOPS
* ✻ ater
* caraboides *Panz.*
* laticollis *Creutzer.*
* serratus

HEMEROBIUS
* perla
* ✻ phalaenoides

HESPERIA
* ✻ Cyllarus
* ✻ Fritillum
* ✻ Malvae
* ✻ Rubi

HIPPOBOSCA
* avicularia
* equina

HISPA
* atra

HISTER
* ✻ aeneus
* bimaculatus

HISTER

HISTER
depressus
* purpurascens *Herbst.*
* quadratus *Kugelann.*
quadrimaculatus
sinuatus
* sulcatus
unicolor

HYDROPHILUS
caraboides
orbicularis
* piceus
scarabaeoides

HYPOPHLOEUS
* depressus

ICHNEUMON
Bedeguaris
* crispatorius
* delusor
* denigrator

ICHNEUMON
desertor
globatus
initator
* irrigator
lactatorius
luteus
manifestator
* sponsor
sputator

IPS
* ferruginea
* humeralis
quadriguttata
quadripustulata

IULUS
terrestris

LAGRIA
* atra
* caerulea
hirta
nigra
* pallipes *Panz.*

LAMIA

LAMIA
aedilis
* atomaria
* curculionoides
* Fuliginator
* Morio
* rufipes
textor
* varia

LAMPYRIS
* italica
. fplendidula

LEPISMA
faccharina

LEPTURA
atra
attenuata
calcarata
collaris
laevis
limbata *Lai-
chard.*
* lurida

LEPTURA
maculicornis
Panz.
melanura
meridiana
nigra
octomaculata
Paftinacae *Panz.*
* quadrifafciata
quadrimaculata
rubra
ruficornis
fanguinolenta
fubfpinofa
teftacea
* villica
virginea

LIBELLULA
* aenea
depreffa
* quadrimaculata

LOCUSTA
* varia
verrucivora
viridiffima

LUCA-

LUCANUS
>   caraboides
>   Cervus
>   * parallelipipedus

LYCTUS
>   bipuftulatus
>   * canaliculatus
>   crenatus
>   hifteroides

LYCUS
>   fanguineus

LYGAEUS
>   apterus
>   equeftris
>   gothicus
>   Hyofcyami
>   Pini
>   faxatilis
>   fcriptus

LYMEXYLON
>   * dermeftoides

LYTTA
>   veficatoria

MALACHIUS
>   aeneus
>   * angulatus
>   bipuftulatus
>   equeftris
>   * fafciatus
>   flavipes
>   pulicarius

MELLINUS
>   fabulofus

MELOE
>   * brevicollis *Hell-
>   wig.*
>   * maialis
>   * Profcarabaeus
>   tecta *Hellw.*

MELOLONTHA
>   agricola
>   argentea
>   * brunea
>   Frifchii
>   Fullo
>   horticola
>   Iulii

B 5 MELO-

MELOLONTHA
* ruricola
  solstitialis
  squamosa
* variabilis
* villosa
  vulgaris

MEMBRACIS
  cornuta
  Genistae

MOLORCHUS
* abbreviatus
  dimidiatus

MORDELLA
  aculeata
  atra
* dorsalis *Panz.*
* fasciata
  frontalis
  thoracica

MUSCA
* albifrons
  aurata

MUSCA
  Caesar
  carnaria
  cupraria
  domestica
* femorata *Panz.*
* grossificationis
  lateralis
* maculata
* nobilitata
  rotundata
* stellata *Geoffr.*
  tremula
  vomitoria

MYCETOPHA-
GUS
* bifasciatus
* quadrimacula-
  tus

MYLABRIS
* Fueslini *Panz.*

MYOPA
* atra
* buccata

MYO-

MYOPA
> ferruginea
> testacea

MYRMELEON
> * formicarium

NAUCORIS
> * cimicoides

NECYDALIS
> * flavicollis *Panz.*
> melanura
> * Podagrariae
> simplex
> ustulata
> * virescens

NEPA
> cinerea

NICROPHORUS
> * germanicus
> * humator
> vespillo

NITIDULA
> * aenea

NITIDULA
> aestiva
> bipustulata
> varia

NOCTUA
> * Atriplicis
> * chrysitis
> * fimbria
> * Gamma
> * glyphica
> * libatrix
> * maura
> * meticulosa
> Persicariae
> * Pisi
> * Psi
> * quadra
> * Rumicis
> * Verbasci

NOTONECTA
> glauca
> * minutissima

NOTOXUS
> * calycinus

NOTO-

NOTOXUS
*minutus
mollis
monoceros

ONISCUS
Agilis *Perſoon.*
Armadillo
Aſellus
*maculatus

OPATRUM
ſabuloſum
tibiale

OXYPORUS
*lunulatus
*rufus

PAEDERUS
dimidiatus *Panz.*
*elongatus
riparius

PANORPA
communis

PAPILIO.
*Antiopa
Apollo
*Atalanta
*Braſſicae
*Cardamines
*Cardui
*Crataegi
*Galathea
*Hyale
*Hyperanthus
*Ianira
*Ilia
*Io
*Iris
*Lathonia
Machaon
*Napi
*Pamphilus
*Paphia
Rhamni
*Sinapis
*Urticae

PHALAENA
*farinalis

PHA-

PHALAENA
*grossulariata
*papilionaria
*pinicaria
*sambucaria

PHALANGIUM
cornutum
Opilio

PHILANTHUS
laetus
quinquecinctus

PHRYGANEA
grandis
*reticulata

PRIONUS
coriarius

PTEROPHORUS
*didactylus

PTILINUS
*muticus
pectinatus

PTINUS
Fur
*imperialis
Scotias
*sexpunctatus
Panz.

PULEX
irritans

PYROCHROA
coccinea
pectinicornis
*rubens

RANATRA
*linearis

RAPHIDIA
Ophiopsis

REDUVIUS
*annulatus
personatus

RHAGIO
scolopaceus
tringarius

RHA-

RHAGIUM
indagator
inquisitor
* mordax
* Noctis

RHINGIA
rostrata

RHINOMACER
curculioides

SAPERDA
* Carcharias
* Cardui
* linearis
* nigripes
occulata
populnea
praeusta
* scalaris
tremula

SCAPHIDIUM
agaricinum
* scutellatum *Panz.*

SCARABAEUS
* austriacus masc.
  Schneider.
* austriacus foem.
* Capra masc.
Coenobita masc.
— — foem.
conflagratus
conspurcatus
contaminatus
emarginatus
erraticus
fimetarius
flavipes
Fullor
fracticornis
  masc. *Preysler.*
fracticornis
  foem.
* haemorrhoidalis
inquinatus
* Lemur
lunaris masc.
— foem.
* nasicornis masc.
niger *Kugelann.*

SCA-

SCARABAEUS
nigripes
nuchicornis
    masc.
nuchicornis
    foem.
nutans masc.
— foem.
ovatus
porcatus
quisquilius
rufipes
Schaefferi
Schreberi
sordidus
stercorarius
subterraneus
Taurus masc.
— foem.
testudinarius
*Typhoeus masc.
— — foem.
vernalis
Xiphias masc.
— foem.

SCARITES
arenarius
*gagates *Hellw.*
gibbus
SCOLIA
*quinquepunctata
SCOLOPENDRA
coleoptrata
forficata
*morsitans
SCOLYTUS
limbatus
SCORPIO
cancroides
SEMBLIS
lutaria
viridis
SESIA
stellatarum
SIGARA
striata

SIL.

SILPHA
   atrata
   ferruginea
   littoralis
   obscura
   quadripunctata
   reticulata
   rugosa
   sinuata
   thoracica

SINODENDRON
   *cylindricum
      masc.

SIREX
   *gigas
   *mariscus
   *spectrum

SPHAERIDIUM
   bicolor
   *bipustulatum
   crenatum *Kuge-
      lann.*
   fimetarium
   *marginatum

SPHAERIDIUM
   Scarabaeoides
   unipunctatum

SPHEX
   arenaria
   fusca
   lutaria
   *maculata
   sabulosa

SPHINX
   *Atropos
   *Convolvuli
   *Elpenor
   Euphorbiae
   *Ligustri
   *ocellata
   *Pinastri
   *Populi
   Tiliae

SPONDYLIS
   buprestoides

STAPHYLINUS
   *biguttatus

STA-

STAPHYLINUS

canaliculatus
clavicornis
erythropterus
floralis
* fuscipes
hirtus
maxillosus
murinus
* olens
politus
* rivularis *Paykull.*

STOMOXYS

calcitrans
grisea
siberita

STRATIOMYS

* chamaeleon
* clavipes
* furcata
Hydroleon
Hypoleon

SYRPHUS

arbustorum
arcuatus
* elongatus
floreus
* intricarius
* oestraceus
pellucens
pendulus
pipiens
Pyrasti
* sepulchralis
* spinipes
tenax
* tristis

TABANUS

bovinus
caecutiens
pluvialis
tropicus

TENEBRIO

molitor

TENTHREDO
  albicornis
 * atra
  coerulescens
  flavicornis
 * germanica
 * Iuniperi
  luteicornis
 * marginella
  Morio
  ovata
  punctum
 * Rapae
  Rosae
 * rufiventris
  ustulata
  viridis

THRIPS
 * fasciata
 * Ulmi

TINEA
 * evonymella

TINEA
 * Pinetella

TIPULA
  hortulana
 * pratensis

TRAGOSITA
 * caraboides

TRICHIUS
 * Eremita
  fasciatus
  hemipterus
 * nobilis

TRITOMA
  bipustulata

TROX
  arenarius
  sabulosus

TROM-

TROMBIDIUM
 *geographicum
 *holosericeum

VESPA
 *coarctata
 Crabro
 gallica

VESPA
 saxonica
 vulgaris

ZYGAENA
 *Filipendula
 *Scabiosae
 Statices

II. Abschnitt.

Beschreibungen nebst Abbildungen einiger Insecten aus meiner Sammlung.

1. HELOPS ater.
Tab. I. fig. 1.

H. ater elytris striatis. *Fabric.* Ent. Syst. T. I. n. 21. p. 121. Spec. Inf. T. I. n. 11. p. 326. Mant. Inf. T. I. n. 15. p. 214.

Panzer Ent. germ. I. n. 6. p. 43.

Pimelia atra Linn. Syst. Nat. ed. XIII. n. 75. p. 2011.

Pyrochroa (nigra) nitida, corpore ovato, thorace convexo, antennis pedibusque fuscis. *Degeer* Inf. 5. n. 4.

Bey Erlangen nicht gar selten, woher ich ihn der Güte meines unschätzbaren

baren Freundes, des Herrn Dr. *Hoppe*, zu verdanken habe.

Nicht die ganzen Fühlhörner, sondern nur die Spitzen davon, und die Fußblätter sind braun!

Tab. I. a. Eine vordere vergrößerte Kreisspitze. *b.* Ein vergrößertes Fühlhorn.

2. ELAPHRUS *striatus.*
Tab. I. fig. 2.

E. aeneus elytris striatis, pedibus flavescentibus. *Fabric.* Ent. Syst. T. I. n. 3. p. 179.

Panzer Ent. germ. T. n. 3. p. 69.

Selten. Ich haschte ihn erst ein einziges mal auf einer feuchten Wiese.

Tab. I. c. Maaßstab der natürlichen Größe.

3. MALACHIUS *angulatus.*
Tab I. fig. 3.

M. ater nitidus thoracis limbo tibiisque anticis rufis. *Fabric.* Ent. Syst. T. I. n. 9. p. 223.

Panzer Ent. germ. T. 1. 5. p. 93.

Selten. Ich habe ihn erst ein paarmal auf einer Linde gehascht. Das Männchen ist vom Weibchen durch einen breitern Saum am Brustschilde, und einen grofsen rothgelben Flecken, welcher sich beynahe über den ganzen Kopf ausbreitet, — da hingegen der Kopf des Weibchens ganz schwarz ist — unterschieden. Unsere Figur stellt das Männchen vor.

Tab. I. d. Maafstab der natürlichen Gröfse.

4. MALACHIUS *flavipes*.
Tab. I. fig. 4.

M. niger antennarum basi tibiisque flavis. *Fabric.* Ent. Syst. T. I. n. 15. p. 225.

Panzer Ent. germ. I. n. 11. p. 94.

Hin und wieder auf Blüthen, aber sehr selten.

Variat rarius forte sexu puncto elytrorum parvo apicis ferrugineo. *Fabr.*

Tab. I. e. Maafstab der natürlichen Gröfse.

5. GAL-

5. GALLERUCA *ruficollis*.
Tab. 1. fig. 5.

G. viridi aenea thorace pedibusque rufis. *Fabric.* Ent. Syft. T. I. P. II. n. 4. p. 13. Spec. Inf. I. n. 69. p. 128. Mant. Inf. I. n. 89. p. 72. et p. 92. n. 22. *Erotylus flavipes.*

Chryfomela ruficollis. Linn. Syft. Nat. ed. XIII. n. 81. p. 1668.

Geoffr. Inf. par. I. n. 16. p. 263.

In manchen Jahren nicht felten; manches Jahr aber ganz unfichtbar. Das Weibchen fchwillt zu einer aufserordentlichen Dicke auf, wenn es trächtig ift. In des Hr. Dr. *Panzers* Ent. germ. vermiffe ich diefe Galleruca.

Tab. I. *f.* Mafsftab der natürlichen Gröfse.
g. Ein vergröfsertes Fühlhorn.

6. CRYPTOCEPHALUS *nitens*.
Tab. I. fig. 6.

C. viridis nitens ore pedibusque teftaceis. *Fabric.* Ent. Syft. T. I. P. II.

n. 57. p. 64 Spec. Inf. I. n. 33. p. 144. Mant. Inf. I. n. 44. p. 82.

Panzer Ent. germ. I. n. 21. p. 196.

Chryfomela nitens. Linn. Syft. Nat. XII. 2. n. 84. p. 598. ed. XIII. n. 44. p. 1706. Fn. fucc. 551.

Degeer inf. 5. n. 38. p. 334.

Ich finde ihn gewöhnlich zu Ende des Mais, auf der *rundblätterigen Werftweide* (Salix aurita L.) auch auf anderem Geſträuche. Grün fand ich diefen Fallkäfer bisher noch nicht; alle Exemplare, die ich davon befitze, find fchwarzblau, ſtark glänzend. Die grüne Spielart mag daher feltener feyn, als die blaue.

Tab. I. h. Maafsſtab der natürlichen Gröfse.
i. Der Kopf von vornen, vergröfsert.

7. CRYPTOCEPHALUS *labiatus.*
Tab. I. fig. 7.

C. ater nitidus ore pedibus bafique antennarum lutefcentibus. *Fabric.* Ent. Syſt. T. I. P. II. n. 62. p. 65. Spec. Inf.

Inf. I. n. 49. p. 146. Mant. Inf. I. n. 65. p. 84.

Panzer Ent. germ. T. n. 23. p. 197.

Chrysomela labiata. Linn. Syst. Nat. XII. 2. n. 87. p. 598. ed. XIII. n. 66. p. 1709. Fn. suec. 553*.

Nicht gar selten: an Hecken etc. Die gestreift punktirten Flügeldecken, und zwey gelbe Punkte an der Stirn, sind ein schönes Kennzeichen an ihm, das ihn vor allen ähnlichen *Fallkäfern* hinlänglich unterscheidet.

Tab. I. k. Maafsstab der natürlichen Gröfse.
l. Der Kopf von vornen, vergröfsert.

8. CRYPTOCEPHALUS *flavipes.*

Tab. I. fig. 8.

C. ater nitidus capite pedibusque luteis. *Fabric.* Ent. Syst. T. I. P. II. n. 64. p. 65. Spec. Inf. I. n. 50. p. 146. Mant. Inf. I. n. 68. p. 84.

Panzer Ent. germ. T. n. 25. p. 197.

Cryptocephalus flavipes. Linn. Syst. Nat. ed. XIII. n. 63. p. 1709.

Cryptocephalus parenthesis Schrank.

Nicht selten, und an den nehmlichen Stellen mit dem vorhergehenden. Die Flügeldecken sind sparsam punktirt, und haben am Grunde einen gelben Saum.

Tab. I. m. Maafsstab der natürlichen Gröfse. *n.* Der Kopf von vornen, vergröfsert.

9. CRYPTOCEPHALUS *Hübneri.*

Tab. I. fig. 9.

C. niger capite elytrorum apicibus pedibusque flavis. *Fabric.* Ent. Syst. T. I. P. II. n. 66. p. 65.

Panzer Ent. germ. I. n. 27. p. 198. Fauna Ins. germ. XXXIX. 16.

Etwas selten, an Hecken, auf Weiden etc.

Tab. I. o. Maafsstab der natürlichen Gröfse. *p.* Der Kopf von vornen, vergröfsert.

10. CRY-

10. **CRYPTOCEPHALUS** *minutus*.

Tab. I. fig. 10.

C. thorace fulvo, elytris ſtriatis teſtaceis immaculatis. *Fabric.* Ent. Syſt. T. 1. P. II. n. 87. p. 70.

Panzer Ent. germ. I. n. 38. p. 200. Fauna Inf. germ. XXXIX. 18.

Nicht gemein, hin und wieder auf Gräſern in Aeckern.

Tab. I. q. Maaſsſtab der natürlichen Gröſse. r. Der Kopf von vornen, vergröſsert.

11. **CRYPTOCEPHALUS** *gracilis*.

Tab. I. fig. 12.

C. ater capite thoraceque fulvis, elytris linea marginali baſeos alba. *Fabric.* Ent. Syſt. T. I. P. II. n. 88. p. 70.

Cryptocephalus rufipes: niger ſtriatus, thorace pedibusque rufis. *Linn.* Syſt. Nat. ed. XIII. n. 38. p. 1711.

Geoffr. inf. par. I. n. 11. p. 236.

Ich finde dieſes niedliche Käferchen ſehr ſelten, und doch habe ich ſchon zwey

zwey Varietäten davon entdeckt: nehmlich eine, die an den Spitzen der Flügeldecken zwey gelbe Flecken hat; und eine, der diese Flecken mangeln, die aber dafür am Grunde des Brustschildes zwey schwarze Flecken hat.

Herr D. *Panzer* hat diesen Fallkäfer in seine *Ent. germ.* noch nicht aufgenommen.

Tab. I. s. Maaſsstab der natürlichen Gröſse. *t.* Das vergröſserte Brustschild der erwähnten Varietät.

12. HISPA *atra.*

Tab. . pc. 12

H. antennis fusiformibus, thorace elytrisque spinosis. *Fabric.* Ent. Syst. T. I. P. II. n. 1. p. 70. Spec. Inf. I. n. 20. p. 83. Mant. Inf. I. n. 9. p. 47.

Panzer Ent. germ. I. n. 1. p. 200.

Linn. Syst. Nat. ed. XIII. n. 1. p. 1732.

Crioceris atra spinis horrida. *Geoffr.* inf. par. I. n. 7. p. 243.

Schr. der berl. Naturf. Gef. 4. t. 7. f. 6.

Roſſ. Faun. etrusc. 52. 129.

Etwas selten; gewöhnlich finde ich ihn im August und September auf Wiesen, auf der Erde, oder an Grashalmen sitzend.

Tab. I. u. Maafsstab der natürlichen Gröfse. *v.* Ein vergröfsertes Fühlhorn.

13. CUCUIUS flavipes.
Tab. II. fig. 1.

C. thorace denticulato nigro, pedibus flavescentibus, antennis filiformibus longitudine corporis. *Fabric.* Ent. Syst. T. I. P. II. n. 8. p. 95. Spec. Ins. I. n. 4. p. 257. Mant. Ins. I. n. 6. p. 156.

Panzer Ent. germ. I. n. 5. p. 207.

Cerambyx planatus: thorace scabro anterius dentato, corpore nigro, antennis pedibusque ferrugineis. *Linn.* Syst. Nat. ed. XIII. n. 17. p. 1819.

Cucujus planatus. Herbst. Archiv. II. p. 7. t. 1. f. 7. 8.

Diesen und den folgenden Rindenkäfer fand ich erst ein einzigesmal in hie-

hiefiger Gegend, unter der Rinde eines faulenden Stockes; wahrfcheinlich machen diefe beyden Käfer nur *Eine* Art aus, da man fie gewöhnlich beyfammen antrifft; fie wären alfo nur dem Gefchlechte nach verfchieden.

Tab. II. a. Maafsftab der natürlichen Gröfse.

14. CUCUIUS *pallens*.
Tab. II. fig. 2.

C. thorace ferrato obfcuro, elytris ftriatis, abdomine pedibusque teftaceis. *Fabric.* Ent. Syft. T. I. P. II. n. 9. p. 96.

Panzer Ent. germ. I. n. 6. p. 207.

An gleicher Stelle mit dem vorhergehenden. Vielleicht das Weibchen.

Tab. II. b. Maafsftab der natürlichen Gröfse.

15. PYROCHROA *rubens*.
Tab. II. fig. 3.

P. nigra capite thorace elytrisque fanguineis immaculatis. *Fabric.* Ent. Syft. T. I. P. II. n. 2. p. 105.

Pan-

Panzer Ent. germ. I. n. 2. p 210.

Lampyris rubens. *Linn.* Syft. Nat. ed. XIII. n. 35. p. 1886.

Schaller Abh. der hall. Naturf. Gef. I. p. 301.

Pyrochroa Satrapa. *Schrank.* inf. auft. n. 324. p. 174.

Diefer *Feuerkäfer* ift gewifs nichts weniger, als Abart von *P. coccinea;* denn fogar wo letztere gemein ift, wird er nicht angetroffen. So fahe ich auch bey *Herfpruk*, wo ich meinen Käfer in Gefellfchaft der *P. pectinicornis* fieng, nicht eine einzige *P. coccinea.*

Tab *II. c.* Ein vergröfsertes Fühlhorn.

16. BUPRESTIS *pygmaea.*
Tab. *II.* fig. 4.

B. elytris integris cyaneis, capite thoraceque aeneis nitidis. *Pabric.* Ent. Syft. T. I. P. II. n. 110. p. 211. Mant. Inf. I. n. 78. p. 183.

Panzer Ent. germ. I. n. 26. p. 232.

Linn. Syft. Nat. ed. XIII. n. 92. p. 1936.

Man

Man findet diesen kleinen *Prachtkäfer* hin und wieder in Deutschland an Hecken, Dorngebüschen etc.; in hiesiger Gegend habe ich ihn noch nicht angetroffen.

Kopf und Brustschild ist glänzend goldfärbig. Die Flügeldecken blau, punktirt. Körper und Füße dunkel Bronzefärbig.

Tab. II. d. Maaſsſtab der natürlichen Gröſse.

17. BUPRESTIS *linearis*.
Tab. II. fig. 5.

B. elytris integris linearibus viridibus, capite thoraceque obscure aureis. *Fabric.* Ent. Syst. T. I. P. II. n. 116. p. 213.

Panzer Ent. germ. I. n. 30. p. 233.

Hier um Nürnberg ist dieser *Prachtkäfer* nicht selten; gewöhnlich finde ich ihn auf der *rundblätterigen Werftweide* (Salix aurita L.) häufig.

Tab. II. e. Maaſsſtab der natürlichen Gröſse.

18. ELA-

18. ELATER *vittatus*.

Tab. *II. fig*. 6.

E. fuscus elytrorum vitta pedibusque testaceis. *Fabric.* Ent. Syst. T. I. P. II. n. 36. p. 224.

Panzer Ent. germ. I. n. 14. p. 237.

Auf dem *Michaelsberg* bey Herspruck haschte ich diesen *Springkäfer* verschiedenemale auf *Wachholderstauden*, worunter ich öfters Exemplare bekam, welche beynahe ganz einfärbige röthlichbraune Flügeldecken hatten.

Tab. *II. f.* Maafsstab der natürlichen Gröfse.

19. ELATER *ruficollis*.

Tab. *II. fig.* 7.

E. niger thorace postice rubro nitido. *Fabric.* Ent. Syst. T. I P. II. n. 52. p. 227. Spec. Ins. I. n. 33. p. 270. Mant. Ins. I. n. 37. p. 173.

Panzer Ent. germ. I. n. 30. p. 240.

Linn. Syst. Nat. ed. XIII. n. 14. p. 1905. Fn. succ. 724.

Elater gramineus. Scop. ent. carn. 290
Oliv. Inſ. 31. t. 6. f. 61.
Geoffr. inſ. par. 1 n. 5. p. 132.
Degeer inſ. 4. n. 16. p. 153.
Raj. inſ. n. 8. p. 92.

Ein in hieſiger Gegend ſeltener Springkäfer! Ich traf ihn erſt ein einzigesmal an einer Hecke an.

Tab. II. g. Maaſsſtab der natürlichen Gröſse.

20. SAPERDA *nigripes*.
Tab. II. fig. 8.

S. cylindrica nigra thoracis lineis duabus ſcutelloque cinereis, pedibus nigris. *Fabric.* Ent. Syſt. T. I. P. II. n. 13. p. 310.

Herr Prof. *Fabricius* giebt a. a. O. Ungarn zum Wohnort dieſes *Schneckenkäfers* an; ich habe ihn bisher nur einmal in hieſiger Gegend gefunden. Hr. Dr. *Panzer* hat ihn auch noch nicht in ſeine Inſectenfaune Deutſchlands aufgenommen.

Der

Der ganze Käfer ist dünn behaart und schwarz, nur die Flügeldecken haben einen blauen Schimmer, und sind stark punktirt; auf dem Brustschilde befinden sich zwey weisgraue Längslinien, welche Farbe auch das Schildchen hat.

21. LEPTURA *ruficornis*.
Tab II. fig. 9.

L. nigra antennis pedibusque rufis. *Fabric.* Ent. Syst. T. I. P. II. n. 25. p. 344. Spec. Inf. I. n. 11. p. 147. Mant. Inf. I. n. 18. p. 159.

Linn. Syst. Nat. ed. XIII. n. 35. p. 1870.

Ich traf diesen *Schmalbock* sonst in hiesiger Gegend nur selten auf *Doldengewächsen* an; nur im Iunius dieses Iahrs fand ich ihn einmal in Menge auf der Blüthe des *Weisdorns* (Crataegus Oxyacantha L.).

Der ganze Käfer ist schwarz, aber dicht mit goldgelben Häärchen überzogen, so dafs er in gewisser Richtung gegen das Licht ganz gelb erscheint. Kopf, Brustschild, und Flügeldecken sind stark punk-

punktirt; Fühlhörner und Füſſe ziegelroth, und die Gelenke der erſtern an ihren Spitzen ſchwarz; auch die zwey paar Hinterfüſſe ſind an ihren Spitzen ſchwarz. Das Männchen iſt um ein Drittel kleiner, als das Weibchen. Auch dieſen Käfer hat Herr D. *Panzer* noch nicht in ſeine Ent. germ. aufgenommen.

Tab. II. b. Maaſstab der natürlichen Gröſse des Männchens, *i.* des Weibchens.

22. BRUCHUS *granarius*.
Tab. II. fig. 10.

B. elytris nigris: atomis albis, femoribus poſticis unidentatis. *Fabric.* Ent. Syſt. T. I. P. II. n. 15. p. 372. Spec. Inf. I. n. 11. p. 76. Mant. Inf. I. n. 15. p. 42.

Panzer Ent. germ. I. n. 4. p. 291.

Bruchus elytris nigris: atomis albis, pedibus anticis rufis, poſticis dentatis. *Linn.* Syſt. Nat. XII. 2. n. 5. p. 605. ed. XIII. n. 5. p. 1736. Fn. ſuec. 628. *Curculio atomarius.*

Nicht

Nicht gemein. Man findet ihn vom
Julius bis September auf Doldengewächsen, und zur Zeit der Saubohnenblüthe (Vicia Faba L.) legt das Weibchen in die Blüthen dieser Pflanzen
ihre Eyer. Mit dem Wachsthum der
Bohnen wird auch die Larve grofs,
verpuppt fich, und der Käfer frifst fich
noch im Herbft, oder im kommenden
Frühjahr durch.

Tab. II. k. Maafsftab der natürlichen
Gröfse. *l.* Ein vergröfserter Hinterfufs.

23. BRUCHUS *villofus.*

Tab. II. fig. 11.

B. villofus cinereus immaculatus. *Fabric.*
Ent. Syft. T. I. P. II. n. 20. p. 373.

Panzer Ent. germ. I. n. 8. p. 291.

Im ganzen Sommer hindurch auf
verfchiedenen Pflanzen, befonders auf
Doldengewächfen, gemein.

Das ganze Käferchen ift fchwarz,
und überall mit feinen afchgrauen Härchen überzogen.

Tab. II. m. Maafsftab der natürlichen
Gröfse.

24. CURCULIO *suturalis*.
Tab. II. fig. 12.

C. longirostris ovatus fuscus: linea longitudinali alba. *Fabric.* Ent. Syst. T. I. P. II. n. 80. p. 412.

Panzer Ent. germ. I. n. 40. p. 306.

Ich fand ihn erst ein einzigesmal, im April auf einer Weide.

Tab. II. n. Maafsstab der natürlichen Größe.

25. TENTHREDO *germanica*.
Tab. III. fig. 1.

T. antennis septemnodiis, corpore nigro, thorace antice abdomineque rufis. *Fabric.* Ent. Syst. T. II. n. 43. p. 116. Spec. Ins. I. n. 29. p. 412. Mant. Ins. I. n. 31. p. 254.

Linn. Syst. Nat. ed. XIII. n. 68. p. 2659.

Sehr selten. Ich habe ihn einmal im May, bey *Herspruck* gehascht.

26. SPHEX

26. SPHEX *maculata.*
Tab. III. fig. 2.

S. atra thorace albo maculato, abdominis fegmento primo rufo, reliquis utrinque linea transverfa alba. *Fabric.* Ent. Syft. T. II. n. 70. p. 215.

Ich fand diese *Grabwespe* erst ein einzigesmal hier um Nürnberg in einer fandigen Gegend.

Tab. III. a. Maafsstab der natürlichen Gröfse.

27. SCOLIA *quinquepunctata.*
Tab. III. fig. 3.

S. nigra abdomine medio rufo apice nigro: punctis quinque albis. *Fabric.* Ent. Syft. T. II. n. 27. p. 235. Spec. Inf. I. n. 14. p. 453. Mant. Inf. I. n. 18. p. 282.

Linn. Syft. Nat. ed. XIII. n. 18. p. 2737.

Diese *Drehwespe* ist gleichfalls in hiefiger Gegend selten, und ist mir bisher nur einmal zu Gesichte gekommen.

Tab. III. b. Maafsstab der natürlichen Gröfse.

D 4   28. MEL-

28. MELLINUS *fabulosus*.

Tab. III. fig. 4.

M. ater nitidus abdomine fasciis tribus albidis: anticis interruptis, pedibus rufis. *Fabric.* Ent. Syst. P. II. n. 2. p. 286. Mant. Inf. I. n. 17. p. 296. *Crabro fabulosus.*

Linn. Syst. Nat. ed. XIII. n. 113. p. 2764. *Vespa fabulosa.*

Ein in hiesiger Gegend seltenes Insect! Ich habe es noch nicht öfter als einmal finden können.

Tab III. c. Maafsstab der natürlichen Gröfse. d. Der Kopf von vornen, vergröfsert.

29. PHILANTUS *quinquecinctus*.

Tab. III. fig. 5.

P. niger thorace maculato, abdomine fasciis quinque flavis continuis, ano nigro. *Fabric.* Ent. Syst. T. II. n. 9. p. 291. Mant. Inf. I. n. 11. p. 295. *Crabro quinquecinctus.*

Linn. Syst. Nat. ed. XIII. n. 108. p. 2762. *Vespa cingulata.*

In dem naſſen Sommer 1795 traf ich
diefe Wefpe in einem Steinbruch hinter *Mögeldorf* bey Nürnberg ziemlich
häufig an.

Tab. III. e. Der Kopf von vornen, vergröfsert.

30. PHILANTUS *laetus.*
Tab. III. fi. e.

P. niger thorace maculato, abdominis
primo fegmento punctis duobus, reliquis fafcia flavis. *Fabric.* Ent. Syſt.
T. II. n. 10. p. 291.

An gleicher Stelle, und in gleicher
Menge mit dem vorhergehenden im erwähnten Sommer gehafcht. Er fiehet
dem P. *quinquecinctus* vollkommen ähnlich, nur iſt er viel gröfser, und durch
andere Merkmale, die man in den beygefügten Abbildungen deutlich angezeigt findet, von jenem hinlänglich verſchieden.

Tab. III. f. Ein wegen feines merkwürdigen Baues vergröfserter Vorderfufs.
g. Der letzte Einfchnitt des Hinterleibs von oben. h. von unten, vergröfsert vorgeſtellt.

D 5   31. CRA-

31. CRABRO *labiatus*.
Tab. III. fig. 7.

C. thorace maculato, abdomine atro: fafciis quinque flavis; anticis quatuor interruptis, antennis rufis, labio cornuto. *Fabric.* Ent. Syft. T. II. n. 11. p. 296.

Ich hafchte diefe *Horneiſſe* an dem nehmlichen Ort mit den zwey vorhergehenden; fie ift aber viel feltener, als jene.

Tab III. i. Stellt den Kopf in Profil, vergröfsert, vor, damit man das kurze hervrragende Horn über dem Munde deutlich fehen kann.

32. CRABRO *mucronatus*.
Tab. I. fig. 8.

C. fentello bidentato mucronatoque niger abdominis fegmentis omnibus utrinque macula transverfa flava. *Fabric.* Ent. Syft. T. II. n. 25. p. 300.

Diefes niedliche Gefchöpf habe ich erft ein einzigesmal hier um Nürnberg, an einer Hecke gehafcht.

Tab.

Tab. III. k. Maafsſtab der natürlichen Gröſse. l. Das Schildchen mit dem zu beyden Seiten befindlichen gelben Zahn, und dem darunter hervorragenden rinnenartig ausgehöhlten ſchwarzem Dolche, vergröſsert.

33. ONISCUS *maculatus.*
Tab. IV. fig. 1.

O. cauda obtuſa mutica, corpore plumbeo: lineis punctatis albis. *Fabric.* Ent. Syſt. T. II. n. 1. p. 396. Spec. Inſ. I. n. 20. p. 378. Mant. Inſ. I. n. 21. p. 242.

Linn. Syſt. Nat. ed. XIII. n. 23. p. 3012.

Herr Prof. *Fabricius* giebt a. a. O. Italien zum Wohnorte dieſes Aſsels an. Ich fand ihn bey *Herspruck*, auf einem Berge unter modernden Pilzen.

Das ganze Inſect iſt bleyfahl, und über den Rücken laufen ſieben aus bleichen Puncten beſtehende Längslinien.

Tab IV. a. Ein einziger Einſchnitt des Körpers vergröſsert vorgeſtellt, damit man die Lage der ſieben Puncte deutlich ſehen kann. b. Ein vergröſsertes Fühlhorn.

34. CI-

34. CIMEX *maurus*.
Tab. IV. fig. 2.

C. scutellaris cinereus scutelli basi punctis duobus albis. *Fabric.* Ent. Syst. T. IV. n. 30. p. 87. Spec. inf. II. n. 20. p. 342. Mant. Inf. II. n. 23. p. 282.
Linn. Syst. Nat. ed. XIII. n. 5. p. 2130. Fn. suec. 913.
Scop. ent. carn. 352.
Fuessli inf. helv. n. 476. p. 25.
Sulzers Kennz. der Inf. tab. 11. fig. d.

Diese Wanze ist bey uns nicht selten, auf verschiedenen Gewächsen. Sie ändert in Ansehung der Gröfse und Farbe öfters ab.

35. CIMEX *perlatus*.
Tab. IV. fi. 3.

C. griseus capite nigro, scatello utrinque puncto albo. *Fabric.* Ent. Syst. T. IV. n. 177. p. 125.

Herr Dr. *Panzer* hat in der *Fauna Inf. germ.* im 33 Heft n. 24. eine Wanze abbilden lassen, die den *C. perlatus Fabric.* vorstellen sollte. Allein dafs diese Wanze ganz anders ausschen mufs, wenn
sie

sie mit der *Fabriciusschen* Beschreibung
übereinkommen soll, davon kann man
sich leicht durch Vergleichung der Abbildung in der Fauna mit der hier gegebenen überzeugen. — Sie ist übrigens
nicht gemein. Ich fieng sie manchmal
schon im April auf verschiedenen Gewächsen.

Tab IV. c. Maafsstab der natürlichen
Größse.

36. CORFUS *scapha.*
Tab. IV. fig. 4.

C. thorace obtuse spinoso, abdomine
marginato acuto albo maculato, capite antice bispinoso. *Fabric.* Ent.
Syst. T. IV. n. 2. p. 127.

Er sieht beynahe dem *C. marginatus*
völlig gleich; ist aber überall schwarzbraun, nur auf der Unterseite etwas
heller, und oben am Rande des Hinterleibs weisgefleckt. Das erste Gelenk
der Fühlhörner ist grau, das zweyte
ganz, und das dritte am Grunde Blutroth: an der Spitze aber, so wie das
vierte schwarz. Der Kopf hat zu beyden Seiten vor den Fühlhörnern einen
star-

starken, scharfen, weissen Dorn. Das Brustschild hat einen aufgeworfenen einwärtsgebogenen Rand, und ist hinterwärts etwas ausgerandet. Ich treffe diesen Coreus zuweilen, aber sehr selten, in Gesellschaft mit dem C. marginatus an.

Tab. IV. d. Der Kopf stark vergrösert, dafs man die beschriebenen Dornen daran deutlich sehen kann. α. α. Das erste Gelenk der Fühlhörner.

37. LYGAEUS scriptus.
Tab. IV. fig.

L. ater thorace lineolis tribus albis, elytris albo lineatis apice rubris. *Fabric.* Ent. Syst. T. IV. n. 171. p. 182.

Diesen Lygaeus treffe ich in Wäldern sehr häufig auf blühenden Gewächsen, besonders auf Spartium scoparium an.

Tab. IV. e. Maafsstab der natürlichen Grösse.

38. STRATIOMYS furcata.
Tab. IV. fig. 6.

S. scutello bidentato nigro: margine flavo, abdomine atro: lateribus flavo maculatis. *Fabric.* Ent. Syst. T. IV. n. 5. p. 264.

Sie

Sie siehet der *S. chamaeleon* ähnlich, ist aber etwas kleiner, und hat drey weiſse Striche auf der Unterſeite des Hinterleibs. Ich haſchte dieſe Waffenfliege erſt ein einzigesmal im Walde an einer Fohre.

Tab. IV. f. Das Schildchen, vergröſsert.

39. CERIA *clavicornis.*
Tab. IV. fig. 7.

Fabric. Ent. Syſt. T. IV. n. 1. p. 277.

Dieſe in Hinſicht ihrer ſonderbaren Fühlhörner, merkwürdige Fliege, fand ich ein einzigesmal in hieſiger Gegend, an einem Lindenſtamm ſitzend. Herr Prof. *Fabricius* hat a. a. O. eine ausführliche Beſchreibung von ihr gegeben, welche ich nachzuleſen bitte.

Tab. IV. g. habe ich den Kopf mit ſeinen merkwürdigen Fühlhörnern, von vornen, ſtark vergröſsert, und *h.* die Fühlhörner allein, unter einer noch ſtärkern Vergröſserung, vorgeſtellt.

40. SYRPHUS *ſpinipes.*
Tab. IV. fig. 8.

S. antennis ſetariis tomentoſus abdomine atro: lineolis albis, ſegmento primo ſolo, rufo, femoribus posticis dentatis. Fabric. Ent. Syst. T. IV. n. 66. p. 296.

Sehr selten. Ich hafchte ihn ein einzigesmal auf einer Wiese um Nürnberg.

> Tab. IV. i. Ein vergrösertes Fuhlhorn
> k. Ein vergrösserter Hinterfuls, an welchem man den Zahn deutlich sehen kann.

41. SYRPHUS elongatus.
Tab. IV. fig. 9.

S. antennis setariis nudus thorace aeneo, abdomine clavato nigro: fasciis duabus flavis. Fabric. Ent. Syst. T. IV. n. 76. p. 299.

Selten. In Gärten, auf Wiesen.

Tab. IV. l. Maafstab der natürlichen Gröfse.

42. SYRPHUS tristis.
Tab. IV. fig. 10.

S. antennis setariis nudiusculus thorace nigro pallido lineato, abdomine aeneo nitidulo. Fabric. Ent. Syst. T. IV. n. 92. p. 303.

Selten. In Gärten.

Tab. IV. m. Ein vergröfsertes Fühlhorn.

Tab. I.

Auctor pinx. et sc.

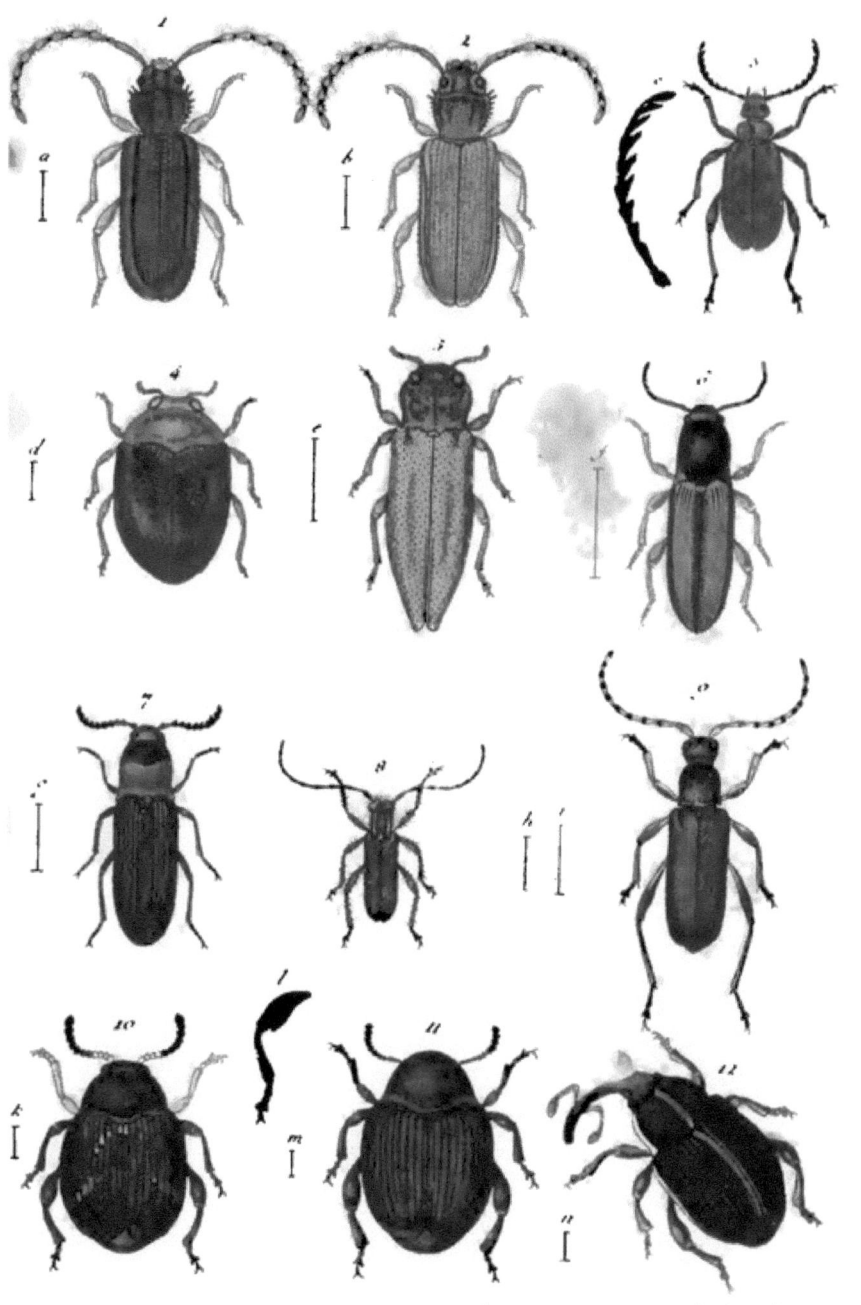

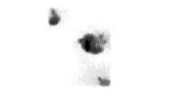

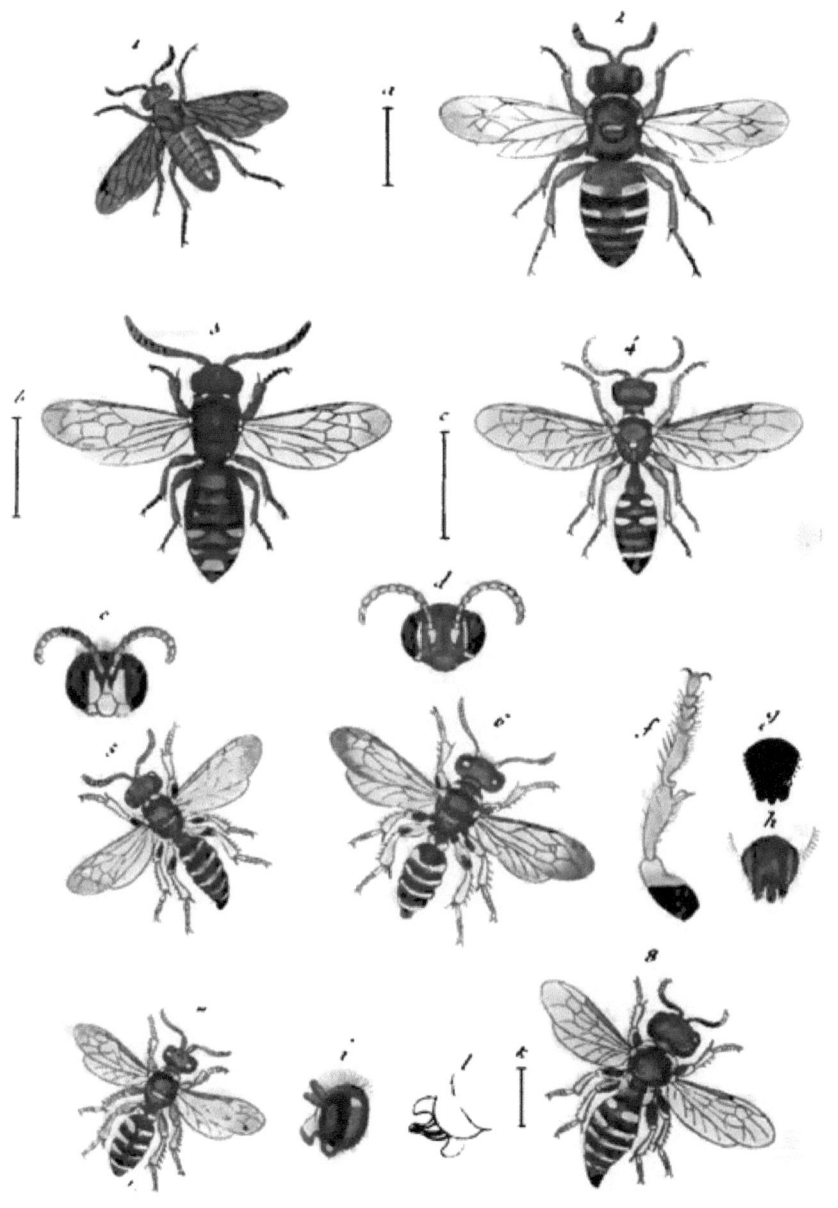

Tab. III.

Auctor pinx. et sc.

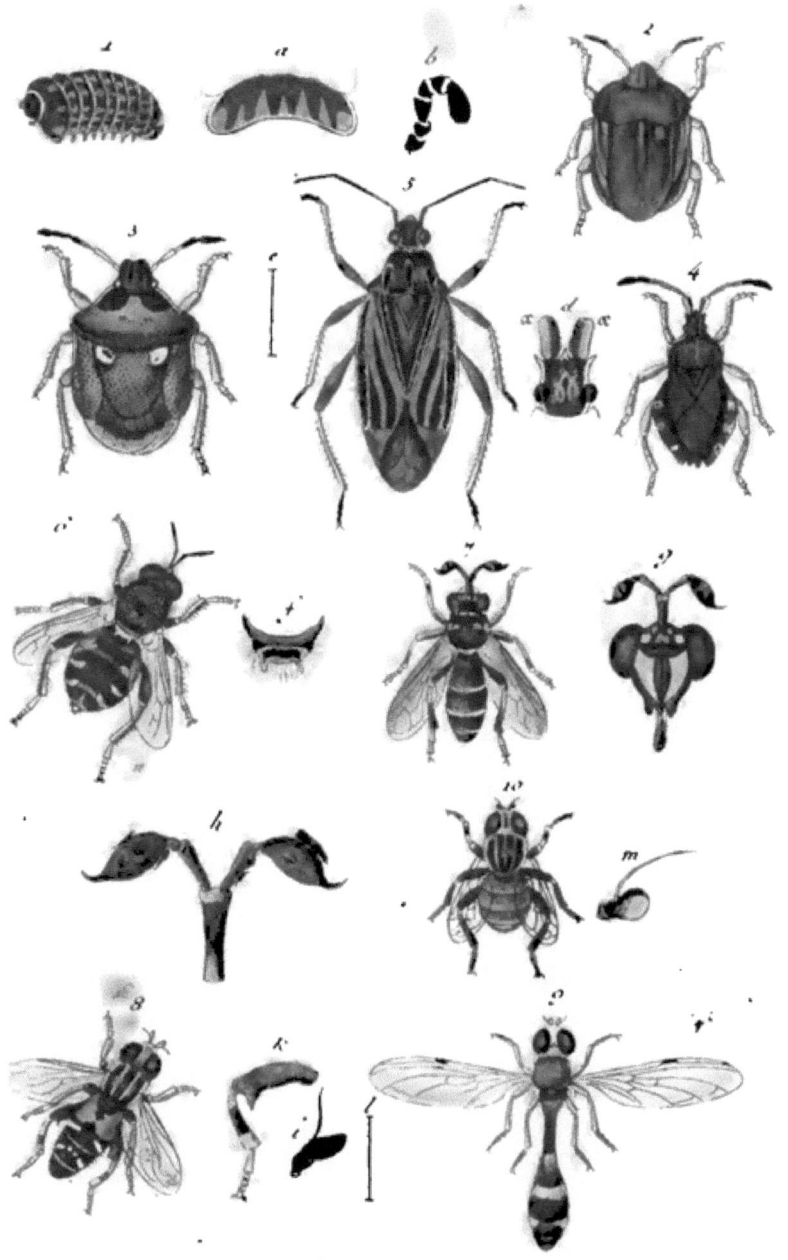